Mikołajewska • Na początku

Na początku na to jedno przyszło pożądanie …

Hymny Rigwedy o stworzeniu świata

Barbara Mikołajewska

The Lintons' Video Press
New Haven
2017

Tytuł oryginału:
Desire Came upon that One in the Beginning …:
Creation Hymns of the Rig Veda

ISBN-10: 1-929865-25-2
ISBN-13: 978-1-929865-25-3

Spis treści

Wprowadzenie

Niekiedy wiele można się nauczyć, tłumacząc jedną wizję świata na język innej. Mając to na uwadze, i nie opowiadając się po żadnej stronie, spróbujmy przetłumaczyć starożytne religijne hymny o stworzeniu świata *Rigwedy* na język współczesnej perspektywy mimetycznej rozwiniętej przez René Girarda.

Podejście Girarda do tekstu religijnego jest podejściem filozoficznego realizmu. Girard twierdzi, że tekst religijny nie jest czystą fantazją, lecz odnosi się do rzeczywistości pewnego typu społecznego impasu, którego w życiu społecznym trudno uniknąć, gdyż ma on swe źródło w kondycji ludzkiej. Tekst religijny nie tylko odnosi się, lecz faktycznie ma swe źródło lub wyrasta z rzeczywistości tego społecznego impasu. Co więcej, sam tekst religijny sprzyja rozwojowi nowej rzeczywistości społecznej, gdyż dostarcza recepty przeciw temu impasowi.

Ostatecznie tekst religijny opisuje *mimesis* (czyli w języku starożytnej Grecji imitację i tworzenie wizerunków) i tzw. *mimetyczny kryzys*[1]. Sam tekst jest również produktem mimesis i próbuje dostarczyć przeciw niej lekarstwa. Religijne narracje są faktycznie ukrytymi źródłami wiedzy o paradoksach mimesis, widzianej jako siła, która zarówno tworzy jak i niszczy ludzki wszechświat.

Mimesis, jako nieodłączna właściwość procesu pragnienia (jest to tzw. *skłócająca* lub *konfliktowa* mimesis), niszczy wszechświat w kolejnych stadiach rozwoju tego procesu. Wszczepia ona bowiem konflikt w ludzkie interakcje. Mimesis jednakże również tworzy nowy wszechświat, jeżeli przekształci się skutecznie ze *skłócającej* w *imperatywną*, czyli w naśladowanie normatywnych wzorów społeczeństwa. Mimesis niszczy więc wszechświat w procesie pragnienia i tworzy nowy wszechświat, jeżeli skutecznie przekształci się w *imperatywną* mimesis. Przekształcenie to rozpoczyna nowe stwarzanie świata. Jest ono największą religijną tajemnicą i dokonuje się za pośrednictwem tego, co Girard nazywa *victimage* i co sprowadza się do mimetycznego tworzenia boskości i rytuału składania ofiary. Powstaje pytanie o to, jak się to dokładnie dzieje?

Odpowiadając na to pytanie, Girard twierdzi, że zarówno boskość jak i rytuał składania ofiary są mimetycznymi kopiami tego, co nazywa on *założycielskim morderstwem*. Pojęcie założycielskiego morderstwa odnosi się do hipotetycznego linczu (nazywanego tutaj *scapegoatingiem*), który ku zaskoczeniu jego uczestników przyniósł kres okresowi totalnego zniszczenia, czyli zakończył mimetyczny kryzys charakterystyczny dla późnego stadium procesu pragnienia.

Stworzenie nowego świata oznacza więc, że skutecznie dokonało się przekształcenie skłócającej mimesis w imperatywną. Na pytanie o to, kto lub co jest w stanie wprowadzić tak radykalną zmianę, religie odpowiadają, że dzieła tego dokonał Stwórca i czczenie go poprzez składanie mu ofiary. Girard odpowiada jednak, że dokonała tego sama mimesis. Hymny *Rigwedy* o stworzeniu świata udzielają równocześnie obydwóch odpowiedzi.

Rozdział I

Na początku na to jedno przyszło pożądanie ...

Pożądanie i początek świata

*Na początku na to jedno przyszło pożądanie;
było ono pierwszym nasieniem umysłu.
Poeci, szukając z mądrością w swych sercach,
znaleźli w nieistnieniu wiązanie istnienia.*

Rigweda, Hymn o stworzeniu świata (*Nāsadīya*), 10.129, 4

Hymn *Rigwedy* (*Nāsadīya*) o stworzeniu świata łączy tworzenie świata z pożądaniem. Jednakże zarówno ów związek jak i stworzenie świata pozostają dla hymnu tajemnicą. Koncepcja mimetycznego pożądania rozwinięta przez René Girarda dostarcza odpowiedzi na pytania, które ten hymn formułuje.

1. Zwalczające się odróżnicowanie

Rigwedyjski hymn *Nāsadīya* formułuje trzy zaskakujące stwierdzenia:

1. łączy tworzenie świata z pożądaniem: (4) *Na początku na to jedno przyszło pożądanie ...*

2. oddziela proces stwarzania od bogów i odróżnia proces stwarzania od stworzenia świata:

(6) *Skąd jest to stwarzanie? Bogowie przyszli później razem ze stworzeniem tego świata. Któż więc wie, skąd to wyniknęło?*

(7) *Skąd to stwarzanie świata wyniknęło — być może samo się uformowało lub być może nie ...*

3. widzi *siłę życiową* jako wyłaniającą się z kosmicznej nicości (próżni), która istniała na początku. Owa próżnia jest poetyckim odpowiednikiem girardowskiego zwalczającego się odróżnicowania charakteryzującego mimetyczny kryzys.

Na początku wszystko było odróżnicowane. Nie było ani przeciwieństw, ani różnic:

(1) *Nie było w owym czasie ani nieistnienia, ani istnienia; nie było ani dziedziny przestrzeni, ani nieba, które sięga ponad.*

(2) *Nie było w owym czasie ani śmierci, ani nieśmiertelności. Nie było znaku odróżniającego noc od dnia.*

(3) *Na początku ciemność kryła się w ciemności; bez znaku odróżniającego wszystko to było wodą.*

Jednakże coś na początku istniało. Było jakiś działanie, coś się wyprodukowało:

(1) *Co poruszało? Gdzie? W czyjej obronie?*

(2) *To jedno oddychało, bezwietrzne, samo z siebie. Poza tym nie istniało nic od tego odmienne.*

(3) *Siła życiowa pokryta pustką, ona powstała mocą żaru.*

Różnice narodziły się mocą żaru, czyli mocą kontemplacji boskości i wyrzeczenia się pragnień (pożądań)[2]. Żar (*tapas*) jest rodzajem ascetyzmu dedykowanego bogom. O mocy żaru mówi 10.190 Hymn *Rigwedy*:

(1) *Porządek i prawda narodziły się z żaru, gdy wybuchnął on płomieniem. Z niego narodziła się noc i z niego narodził się falujący ocean.*

(2) *Z falującego oceanu narodził się rok, który uporządkował dnie i noce, władając tym wszystkim, co mruga oczami.*

(3) *Ów Porządkujący ustawił we właściwym miejscu słońce i księżyc, niebo i ziemię, środkowe królestwo przestrzeni i w końcu światło słoneczne.*

Stwierdzenia hymnu o stworzeniu świata mogą wydać się mniej dziwne, gdy zauważymy, że podobne stwierdzenia formułuje René Girard w swojej interpretacji Szekspira. Według Girarda w sztukach Szekspira ludzki wszechświat ma zarówno swój koniec jak i początek w wymazywaniu różnic. Mówiąc inaczej, nowy wszechświat ma swe źródło w odróżnicowaniu, w którym stary wszechświat rozpłynął się, jak rzeka rozpływa się w oceanie. René Girard wszechświatem nazywa różnicujący system kultury. Próżnię, odróżnicowanie nazywa również kryzysem mimetycznym. Kryzys ten jest sytuacją ostatecznego społecznego impasu, który jednak nagle kończy się dzięki tajemniczemu pojedynczemu aktowi przemocy. Nowe różnice wypływają z kontemplowania tego, jak się wydaje cudownego, pojedynczego aktu przemocy.

Girard charakteryzuje odróżnicowanie jako zwalczające się lub używające przemocy. Działanie opisane w hymnie *Nāsadīya* zdaje się również charakteryzować przemocą. *Co poruszało? Gdzie? W czyjej obronie?* Nowy wszechświat opiera się więc na fundamentach poprzedzającego ten wszechświat zniszczenia.

Skąd się wzięło owo zwalczające się odróżnicowanie? Od czego się ono zaczęło?

2. *Na początku na to jedno przyszło pożądanie ...*

René Girard nie znalazłby również nic niezwykłego w powyższym cytacie ze starożytnej *Rigwedy*. Uważa on bowiem, że zwalczające się odróżnicowanie, czy też mówiąc inaczej używająca przemocy próżnia, ma swój początek w pożądaniu. Powyższy cytat z *Rigwedy* prowokuje jednak dalsze pytania. Na kogo właściwie to pożądanie przyszło? Od czego się zaczęło? Na początku czego ono przyszło? Czy przyszło ono na początku stwarzania? A jeżeli tak, to co zostało stworzone?

Girard prawdopodobnie poradziłby nam szukać odpowiedzi w lekturze Szekspira. Szekspirowscy bohaterzy cierpią z powodu pożądania. Pożądanie uderza w nich jak błyskawica i jest zaraźliwe jak zaraza.

3. *... na to jedno przyszło pożądanie ...*

Na kogo przyszło owo pożądanie? Od czego się ono zaczęło?

Od czego w ogóle to wszystko się zaczęło? Pożądanie nie przyszło na jedną osobę, lecz równocześnie na kilka. Pożądanie jest zaraźliwe i rozprzestrzenia się na innych. Czytając Szekspira możemy zauważyć, że to samo pożądanie pojawia się nagle u bliskich przyjaciół lub braci. Jak wytłumaczyć tę dziwną właściwość pożądania?

Osoba doświadczająca jest podmiotem pożądania. Jednakże pożądanie nie ma swego źródła ani w podmiocie, ani w przedmiocie pożądania, lecz w *mimetycznym związku, który mamy z Innym*. Jednostkowy podmiot jest rzeczywistością wtórną. Rzeczywistością pierwotną jest dwoje ludzi połączonych przez mimesis (imitację). Związek mimetyczny jest *pierwotnym związkiem międzyludzkim*. Ludzkie ego ma swój początek we własnym odbiciu w oczach Innego, które imituje. *Pierwotną boskością* jest *bycie* Innego, gdyż ono zdaje się mieć boską wartość. Pożądanie zaczyna się od uwielbienia dla boskości cudzego *bycia* i rozwija się dzięki mimesis przez to uwielbienie sprowokowanej. Chęć posiadania, zwyczajowo zwana *pożądaniem*, jest również rzeczywistością wtórną. Subiektywne, emocjonalne doświadczenie *głodu* jakiegoś przedmiotu jest jedynie widoczną częścią tego, co powinno być nazwane pożądaniem. Pożądanie jest procesem i w związku z tym ma ono swój początek, środek i koniec. Proces pożądania zostaje uruchomiony przez mimesis, rozwija się dzięki mimesis i mimesis przyniesie jego zakończenie. Mimesis towarzysząca pożądaniu ma charakter *skłócający*. Zaszczepia ona konflikt w interakcje międzyludzkie i ostatecznie doprowadza je do stanu zwalczającego się odróżnicowania.

4. ... było ono pierwszym nasieniem umysłu

Czytając Szekspira można śledzić pożądanie od samego początku aż do końca. Można również śledzić jego wytwory. Proces pożądania zostaje sprowokowany przez mimesis między przyjaciółmi lub braćmi. Tworzą oni jednostkę powiązaną pierwotną mimetyczną więzią. Wzrastając razem imitują wzajemnie swoje przypadkowe wybory. Są do tego zachęcani zarówno przez nauczycieli, jak i przez ich własny związek przyjaźni. Można wręcz powiedzieć, że imitacja jest samą istotą przyjaźni. Imitacja jest również tym, co wiąże społeczeństwo. Społeczeństwo oczekuje rozwoju pragnień lub mówiąc inaczej celów, do których człowiek może dążyć. Girard przyjmuje, że człowiek sam z siebie nie wie, czego chce i że musi się dopiero swoich pragnień nauczyć. Przyjaciele, powtarzając nawzajem swoje wybory, tworzą swój *pierwszy wspólny boski wizerunek*. Przekonują siebie nawzajem o wartości pożądania pewnego przedmiotu poprzez tworzenie boskich symbolicznych reprezentacji jego wizerunku. Przyjaciele próbują wpływać na siebie nawzajem w kierunku upodobnienia swoich wyboru: chcą wręcz sprowokować mimesis. Mimesis jest bowiem nagradzająca. Dokonanie takiego samego wyboru jest potwierdzeniem, że dany przedmiot jest wart pożądania.

W sztukach Szekspira tragiczny bieg wydarzeń rozpoczyna się od przyjaciół, którzy mimetycznie wytworzyli wspólny boski wizerunek przedmiotu, który nie może być w tym samym czasie posiadany wspólnie. Na przykład Valentine i Proteus z *Dwóch szlachciców z Werony* wytworzyli mimetycznie boski wizerunek Sylwii. Valentine wychwalając Silwię przed Proteusem i zapraszając go do udziału w nadawaniu boskości jej wizerunkowi, prowokuje u swego przyjaciela mimesis. Według Girarda cierpi on na syndrom "stręczyciela i rogacza". U Szekspira jest to szeroko rozprzestrzeniająca się choroba. Proteus ostatecznie zakochuje się w Sylwii. Valentine staje się rogaczem. Proteus imitował wybór Valentina dokładnie tak samo, jak Valentine imitował jego wybór. Valentine zainspirował wybór Proteusa, aby móc samemu za tym wyborem podążać i zakochać się w boskim wizerunku Sylwii, który zaczął dostrzegać w oczach Proteusa. Boskość wizerunku przedmiotu pożądania uruchamia proces pożądania. Dotychczasowa jedność zostaje rozbita na trzy oddzielne elementy: dwa podmioty pożądania stojące w obliczu tego samego boskiego przedmiotu pożądania oraz sam ów przedmiot pożądania. Te trzy elementy konstytuują łącznie *trójkąt pożądania* (pragnienia).

Przedmiot i dwa podmioty pożądania nabywają swego własnego życia. Boski wizerunek wprowadza w ruch ich umysły i rozpoczyna wypełnianie ich psychiki, motywuje ich zachowanie i zachęca do budowy nowej zewnętrznej społecznej rzeczywistości. Pożądanie jest procesem tworzenia i przekształcania zarówno ludzkiej subiektywności jak i ludzkich interakcji.

5. Poeci, szukając z mądrością w swych sercach, znaleźli w nieistnieniu wiązanie istnienia

Jaka energia może być zdolna do wprowadzenia do nieistnienia wiązania istnienia, które poeta dostrzegł? Energią tą jest *pożądanie*, które *przyszło ... na początku*. Dokonało ono tego poprzez wszczepienie boskiego wizerunku *przedmiotu* pożądania w *podmioty* pożądania. Boski wizerunek przedmiotu pożądania jest tym, co uruchamia proces przekształcania napędzany następnie przez mimesis. Wprowadza on zarówno do podmiotu, jak i przedmiotu pożądania siłę przekształcającą. Boski wizerunek przedmiotu pożądania jest imitowany przez sam przedmiot pożądania, który dzięki tej imitacji rozwija miłość do samego siebie. Wizerunek ten jest również odpowiedzialny za przekształcenie przyjaciół z dzieciństwa w rywali. Stają się oni dla siebie nawzajem modelem, przeszkodą i rywalem. Związek tego typu Girard nazywa *mimetyczną rywalizacją*. Taka rywalizacja nigdy się nie kończy. Nawet wygrana jej nie kończy, lecz jedynie niszczy zarówno przedmiot pożądania jak i samych rywali. Zdobycie przedmiotu pożądania usuwa bowiem z jego boskiego wizerunku boskość i niszczy przedmiot pożądania poprzez usunięcie wszczepionego weń modelu miłości do samego siebie. Wygrana nie zatrzyma również rywalizacji, która od tego momentu staje się dominującym modelem interakcji. Rywalizacja równie dobrze może stać

się dominującym modelem dla całego społeczeństwa. Gdy rozpoczyna się ona na samym
szczycie społeczeństwa, rozprzestrzenia się z
ogromną łatwością. Niszczy wszystkie inne
modele charakterystyczne dla dobrze zorganizo-
wanego społeczeństwa, gdyż pozbawia je
wszelkiego związku z rzeczywistością. Pożądanie jest więc procesem przekształcania, które
kończy się stanem zwalczającego się odróżnicowania. Wprowadza ono do stosunków między-
ludzkich rywalizację, która ostatecznie staje się
dominującym modelem społecznym i wymazuje
wszystkie różnice kulturowe.

Stan zwalczającego się odróżnicowania
zostaje ostatecznie zlikwidowany przez pojedynczy, pozornie przypadkowy i tajemniczy akt
przemocy, zidentyfikowany przez Girarda jako
scapegoating. Nawet ta tajemnicza przemoc
likwidująca przemoc ma swe źródło w mimesis.
Pojawia się wówczas, gdy modelowy wizerunek
wroga zaczyna się powielać i zostaje zaszcze-
piony w umysłach wielu i wreszcie wszystkich
jednostek. W końcu każdy indywidualnie decy-
duje się zwalczać tego samego wroga, którego
model rozprzestrzenił się na całe społeczeństwo.
Zabójstwo owego wcielenia wizerunku wroga
przynosi zakończenie wojny. Usuwa ono wzór
rywalizacji ze społeczeństwa. Osoba, która przez
każdego indywidualnie uważana była za
wcielenie modelu jego własnego wroga, została
zabita. Nie ma już wówczas nikogo innego, kogo
należy zwalczyć. Demon został usunięty. Wkrót-
ce nastanie pokój i porządek.

6. Ich (poetów) *nić została wszerz rozciągnięta*

W naszych rozważaniach dotarliśmy więc do stanu zwalczającego się odróżnicowania i jego likwidacji. W tym momencie rodzą się jednak pewne pytania. Pożądanie niesie ze sobą stwarzanie i niszczenie zarówno przedmiotu jak i podmiotów pożądania. Rozpoczyna się ono od mimetycznego wytworzenia boskich wizerunków. Są to jednak jedynie wizerunki drobnych bóstw. Jaki jest ich związek z początkiem świata i jego stwórcami? Czy istnieje w ogóle jakiś związek między procesem pożądania i stwarzaniem świata?

Hymn *Nāsadīya* sam zdaje się stawiać te same pytania:

(5) *Ich nić została wszerz rozciągnięta. Czy było poniżej? Czy było powyżej? Byli umieszczający nasienie; były moce. Było popędzające poniżej; było ogłaszające powyżej.*

(6) *Kto naprawdę wie? Kto to tutaj ogłosi? Skąd to się wzięło? Skąd jest to stwarzanie? Bogowie przyszli później razem ze stworzeniem tego świata. Któż więc wie, skąd to wyniknęło?*

Ich nić została wszerz rozciągnięta, powiada *Rigweda*. Poeci mają więc swój udział w stwarzaniu świata poprzez wyrażanie w swoim języku ich własnego rozumienia stwarzania, co jest również identyfikowane jako mimesis. Stwarzane przez nich wizerunki nie są jednak czystą fantazją i mają swoje odniesienie do rzeczywistości. (3) *Siła życiowa*, powiadają poeci z hymnu, *pokryta pustką*. Sami poeci także wyłonili się z pustki, być może mocą rozpalania się; początek świata jest również dla nich tajemnicą. Tkają oni świat, skupiając swą uwagę na tej tajemnicy.

7. Skąd jest to stwarzanie? Bogowie przyszli później razem ze stworzeniem tego świata

Hymn *Nāsadīya* pyta o źródło stwarzania, o miejsce, z którego ono wypływa. *Skąd jest to stwarzanie?* Daje się zauważyć pewna dezorientacja. Hymn widzi stwarzanie jako niezależne od bogów. *Bogowie przyszli później razem ze stworzeniem tego świata.*

Poeci uznali, że pożądanie jest źródłem stwarzania. *Pożądanie było pierwszym nasieniem umysłu.* Nie rozumieją jednak, na czym polega związek między pożądaniem a stwarzaniem świata.

(6) *Kto naprawdę wie? Kto to tutaj ogłosi? Skąd to się wzięło? Skąd jest to stwarzanie?*

Stwarzanie ma swe źródło w mimetycznej produkcji boskich wizerunków, które mają moc produkcji ludzkiej subiektywności i ludzkich zachowań. Jeden typ boskiego wizerunku rozpoczyna proces pożądania, a inny wyrasta z jego likwidacji. Boski wizerunek przedmiotu pożądania rozpoczyna proces pożądania. Z likwidacji procesu pożądania wyrasta wizerunek boskiego Stwórcy świata oraz wizerunek składania ofiary, które z kolei rozpoczynają stwarzanie nowego świata.

Co faktycznie wydarza się na zakończenie procesu pożądania? Z tajemnicy tego zakończenia wyrasta stwarzanie nowego świata. Bez niego stworzenie świata byłoby niemożliwe. Mimetyczne wyjaśnienie tego, jak nagle się kończy przemoc niekończącej się zemsty i wyłania się pokój, naszkicowaliśmy już poprzednio w paragrafie 5. Omawiane hymny preferują jednak wyjaśnienie transcendentalne i przypisują owo nagłe przerwanie łańcucha przemocy boskiej interwencji.

8. Zwalczające się odróżnicowanie i generująca przemoc

Hymn *Nāsadīya* zastanawia się nad tajemnicą stwarzania nowego świata. Jak wskazywaliśmy poprzednio (paragraf 1), hymn wypowiada trzy zadziwiające stwierdzenia: wiąże stwarzanie świata z pożądaniem; oddziela stwarzanie od bogów i rozróżnia między procesem stwarzania i stworzeniem świata; widzi siłę życiową jako wyłaniającą się ze zwalczającego się odróżnicowania. Hymn *Nāsadīya* odnosi się do dwóch rodzajów stwarzania. Pierwszy z nich wynika z procesu pożądania we wszystkich jego kolejnych stadiach. Drugi ma swój początek w krwawym zakończeniu procesu pożądania. Obydwa te procesy zostają rozpoczęte przez podzielane doświadczenie takiego samego boskiego wizerunku i rozwijają się dzięki mimesis. W pierwszym przypadku proces stwarzania rozpoczyna boski wizerunek przedmiotu pożądania, w drugim jest nim wizerunek Stwórcy i składania ofiary. Stan zwalczającego się odróżnicowania jest ostatnim stadium w procesie pożądania. W tym stadium pierwszy rodzaj stwarzania musi ulec zniszczeniu, aby drugi mógł się rozpocząć. Te dwa rodzaje stwarzania, rozpoczęte przez dwa różne boskie wizerunki, choć są sobie przeciwstawne to jednak drugi z nich ma swój początek w zniszczeniu pierwszego.

Choć proces pożądania tworzy *w nieistnieniu wiązanie istnienia*, to jednak, wytwarzając model rewanżu i rywalizacji, kończy się zniszczeniem tego istnienia, które sam stworzył. Nowy wszechświat wyłania się z ruin istnienia zbudowanego przez pożądanie. Krwawe zakończenie procesu pożądania wynikłe z mechanizmu scapegoatingu przynosi zarówno zniszczenie istnienia poprzednio zbudowanego przez pożądanie, jak i stworzenie nowego modelu dla boskich i ofiarniczych wizerunków; umożliwia w ten sposób wyłonienie się nowego świata z ruin starego. Ów nowy wszechświat jest światem całkowicie odmiennym od świata zbudowanego i zniszczonego przez proces pożądania. Jest to świat normatywnego porządku i *imperatywnej* mimesis. Wyłaniają się systemy norm, które przypisują właściwe przedmioty pożądania i właściwe działania różnym kategoriom ludzi. Systemy te są oparte na boskim autorytecie zarówno Stwórcy jak i składania ofiary, które wyłoniły się w szczytowym momencie wzrostu stanu zwalczającego się odróżnicowania.

Rozdział II

*Ku niemu spoglądały dwie
zwalczające się masy,
dygocząc w swych sercach ...*

Stwórca jako pośrednik pragnień

*Ku niemu spoglądały dwie zwalczające się masy,
dygocząc w swych sercach, wsparte dzięki jego
pomocy; w nim odbijały się promienie
wschodzącego słońca — kim jest ów bóg,
którego powinniśmy czcić z dziękczynieniem?*

Rigweda, *Ów nieznany Bóg, ów Złoty Zarodek*, 10.121, 6

Hymn *Ów nieznany Bóg, ów Złoty Zarodek*
10.121 kreuje wizerunek Stwórcy. Właśnie na
tym polega proces, który Girard nazywa *victimage*.
Za pośrednictwem tego procesu dokonuje się
przesunięcie w kierunku *imperatywnej* mimesis.
Narodziny Stwórcy oznaczają więc, że przesunięcie w kierunku imperatywnej mimesis się
dokonało. Stwórca ma moc przekształcania chaosu w porządek lub mówiąc inaczej wytwarzania
imperatywnej mimesis. Hymn *Ów nieznany Bóg,
ów Złoty Zarodek* opisuje warunki, w których
narodził się Stwórca. Z warunków można
inferować, że za wizerunkiem Stwórcy kryje się
mimetyczne przekształcenie oryginalnego linczu
w składanie ofiary i boskość, dzięki czemu lincz
ten położył kres niekończącej się zemście.
Stwórca ukazuje się w samym środku wojny
między dwiema zwalczającymi się masami
(niekończąca się zemsta). Jego ukazanie się
jednoczy masy i zakańcza wojnę. Nie narodził się
on jednak sam. To samo wodne *łono*, które było
ciężarne składaniem ofiary, przyniosło Dakszę.
Wizerunek Dakszy bezpośrednio reprezentuje
oryginalny lincz. Stwórca i składanie ofiary są
jego posiadającymi ogromną moc stwarzania
przekształconymi reprezentacjami.

1. Stwórca jako pośrednik pragnień

Hymn *Rigwedy Ów nieznany Bóg, ów Złoty
Zarodek* zdradza nam samą tajemnicę stworzenia
świata, którą jest transcendentalne doświadczenie widzenia Stwórcy i szkicowanie jego
wizerunku. Wraz z narodzinami tego wizerunku
stwarzanie świata zostaje wprowadzone w ruch.

Nowy wszechświat rozpoczyna się tam, gdzie proces pożądania znajduje swój koniec. Hymn stwierdza, że Pan Stwarzania ukazał się przed dwiema spolaryzowanymi, odróżnicowanymi, zwalczającymi się masami, prawdopodobnie podczas wojny:

(6) *Ku niemu spoglądały dwie zwalczające się masy, dygocząc w swych sercach.*

Po raz pierwszy dostrzeżono go więc w *paroksyzmie wojny* (termin Girarda), w szczytowym stadium niekończącego się rewanżu, o którym wspominaliśmy już poprzednio[3]. Zwalczające się masy dostrzegły go równocześnie. W jego obecności przeciwnicy doświadczali tych samych uczuć. Spoglądali ku niemu wstrząśnięci jego mocą i łaską:

(6) *dygocząc w swych sercach, wsparte dzięki jego pomocy; w nim odbijały się promienie wschodzącego słońca.*

Poprzez swoje ukazanie się Pan Stwarzania zjednoczył zwalczające się masy, które widząc go doświadczyły równocześnie tych samych uczuć. Odwróciło to ich uwagę od pragnienia rewanżu. Nikt nie śmiał być na niego wściekły, gdyż był on zbyt potężny. Jego ukazanie się odwróciło uwagę każdej z jednostek od jej dotychczasowego rywala i skierowało ją ku niemu, Panu Stwarzania. Wszyscy chcieli czcić go i być mu posłusznym. Wszyscy chcieli wiedzieć: *kim jest ów bóg, którego powinniśmy czcić z dziękczynieniem?* Wszyscy rozpoznali w nim tego, kto pośredniczy w realizacji pragnień:

(10) *O Pradżapati, panie pokłosia, nikt inny tylko ty obejmujesz wszystkie te stworzenia. Spełnij nasze pragnienia, za co składamy Ci nasze dziękczynienia. Pozwól nam być panami bogactwa.*

Zwalczający się przeciwnicy przestali uzależniać spełnienie własnych pragnień od samych siebie. Prawo do ich spełnienia oddali woli boga. W ten sposób ustanowili wymianę między sobą a bogiem. Dziękczynienie jest oferowane bogu w zamian za spełnienie ich pragnień.

Omawiany hymn zawiera w sobie wszystkie trzy zasadnicze elementy, na które Girard zwraca uwagę w swoim wyjaśnianiu mitycznych koncepcji stwarzania świata. Po pierwsze, bóg ukazał się po raz pierwszy w paroksyzmie wojny i został dostrzeżony przez tych, którzy byli już w jakiś sposób przygotowani do składania mu ofiary. Po drugie, poprzez swoje ukazanie się bóg przyniósł radykalną zmianę w uczuciach zwalczających się mas, które zjednoczyła podzielana wizja nowego Innego — czyli Jego, — z którym nawiązali nowy imperatywny mimetyczny związek. W ten sposób z ich umysłów zniknął dawny rywalizacyjny mimetyczny związek. Po trzecie, ludzie byli w jakimś stopniu gotowi na jego nadejście: czuli jego moc; patrzyli na niego, jak wyraża to hymn *Ów nieznany Bóg, ów Złoty Zarodek, dygocząc w swych sercach.* Byli gotowi czcić go i być mu posłusznym.

2. Gdy już się narodził był owym jedynym Panem Stwarzania

Sformułowaniem, *gdy już raz się narodził*, hymn jednoznacznie sugeruje, że Pan Stwarzania nie zawsze istniał, lecz miał swój początek w czymś odmiennym od siebie samego. Sam musiał się najpierw narodzić. W jakich warunkach się narodził? Z czego się narodził? Wyłonił się on z wysokich wód:

(7) *Gdy przyszły wysokie wody ciężarne zarodkiem, który jest wszystkim, wydając na świat ogień, powstał on z niego, jak ów jeden oddech życia bogów.*

Wysokie wody lub powódź są uniwersalną metaforą wszechogarniającego odróżnicowującego chaosu, którą w kontekście sformułowania, *wydając na świat ogień*, oraz zwalczającego się chaosu *dwóch zwalczających się mas*, można rozumieć jako metaforę tego, co Girard nazywał "paroksyzmem wojny". Stan zwalczającego się odróżnicowania, który zgodnie z hymnem *Nāsadīya* krył w sobie siłę życiową, stanowił więc warunki, z których Pan Stwarzania się pośrednio wyłonił. Mówiąc dokładniej, stanowił środowisko Złotego Zarodka.

Hymn *Ów nieznany Bóg, ów Złoty Zarodek* nie mówi wiele o pochodzeniu Złotego Zarodka. Stwierdza jedynie najpierw, że (1) *Na początku pojawił się ów Złoty Zarodek* i następnie, że (7) *wysokie wody* były *ciężarne zarodkiem*. Można więc przypuszczać, że siła życiowa ukryta w zwalczającym się odróżnicowaniu wysokich wód uformowała się w Złoty Zarodek, z którego z kolei Pan Stwarzania się narodził. Jednakże wówczas narodził się nie tylko Pan Stwarzania. W równie pośredni sposób narodziło się składanie ofiary. Wody przyniosły bowiem nie tylko Złoty Zarodek, ale również Dakszę, z którego narodziło się składanie ofiary.

(8) *On w swej wielkości przyglądał się wodom, które były ciężarne Dakszą, wydając na świat składanie ofiary, on był tym jedynym bogiem wśród wszystkich bogów.*

Składanie ofiary, podobnie jak i Pan Stwarzania, nie zrodziło się więc bezpośrednio z wód. To raczej siła życiowa ukryta w wodach uformowała się zarówno w Złoty Zarodek, z którego wyłonił się Pan Stwarzania jak i w Dakszę, z którego narodziło się składanie ofiary. Pan Stwarzania mógł obserwować wody, *które były ciężarne Dakszą, wydając na świat składanie ofiary.*

3. On dzięki swej wielkości stał się królem tego świata

Jakimi mocami włada Pana Stwarzania?

Ten potężny bóg pojawił się przynosząc pokój. Przekształcił chaos wojny w porządek nowego świata. Nadał strukturę całej przestrzeni:

(1) *Utrzymywał on w miejscu zarówno ziemię jak i niebo.*

(5) *Dzięki niemu budzące grozę niebo i ziemia zostały mocno osadzone w miejscu, a*

sklepienie nieba zostało podparte wraz ze
słońcem, które przemierzało środkowe kró-
lestwo przestrzeni ...

Pan Stwarzania jest samym centrum świata.
Jego królestwo ma swoje źródło w jego wielkiej
mocy, gdyż

(3) *On dzięki swej wielkości stał się królem*
tego świata ...

(4) *On, jak powiadają, z racji swej mocy*
jest właścicielem owych śnieżnych gór i
oceanu razem z rzeką Rasa i ma sfery nieba
za swoje ramiona ...

Hymn *Ów nieznany Bóg, ów Złoty Zarodek*
informuje nas więc o bardzo potężnym bogu,
jedynym Panu Stwarzania, rozkazodawcy i
dawcy życia:

(2) *On daje życie i siłę, jego rozkazu*
słuchają wszyscy uznający go bogowie;

Hymn dodaje, że *jego cień jest nieśmier-*
telnością — i śmiercią i opisuje go jako tego,
który

(8) ... *był tym jedynym bogiem wśród*
wszystkich bogów.

4. Chaos i zniszczenie, stwarzanie i porządek

W tym miejscu warto podsumować wyniki
naszych dotychczasowych rozważań, przygotowując się do ich mimetycznej interpretacji.
Stwarzanie świata rozpoczęło się w obliczu
dwóch zwalczających się mas, w samym centrum chaosu i zniszczenia opisywanego przez

metaforę wysokich wód. Chaos i zniszczenie były łonem, z którego Pan Stwarzania się narodził. Chaos był również tym, co ów jedyny Pan Stwarzania dzięki swej mocy przekształcił w porządek. Ten sam chaos, te same wysokie wody, z których narodził się Pan Stwarzania, przyniosły również tajemniczego Dakszę, z którego z kolei narodziło się składanie ofiary. Te same wody, które przyniosły Złoty Zarodek były ciężarne Dakszą. Zarówno Pan Stwarzania jak i składanie ofiary miały więc swój początek w tym samym łonie. Składanie ofiary jednak nie narodziło się bezpośrednio z wód, lecz z Dakszy. Tylko Daksza wyłonił się bezpośrednio z wód, gdyż Pan Stwarzania narodził się ze Złotego Zarodka. Ów dziwny brak bezpośredniości, jeśli chodzi o narodziny zarówno boga jak i składania ofiary, jest z girardowskiego punktu widzenia bardzo znaczący. Według Girarda zarówno bóg jak i składanie ofiary są przekształconymi wizerunkami oryginalnego linczu. Jedynie wizerunek Dakszy zdaje się reprezentować nie przekształconą rzeczywistość owego oryginalnego wydarzenia.

Początek świata można wyjaśniać mimetycznie lub transcendentalnie. Transcendentalne wyjaśnienie stanowi zasadniczą część samego stwarzania. Wszczepia ono w stwarzanie pojęcia składania ofiary i Stwórcy. Mimetyczne wyjaśnienie z kolei stawia pytania charakterystyczne dla teorii mimetycznej, tj. nie pyta ani o pierwszą przyczynę, ani o historyczny przebieg wydarzeń, lecz o to, co było modelem tego początku?

Girard powiedziałby, że Stwórca i składanie ofiary są przekształconymi boskimi wizerunkami czegoś rzeczywistego, co było dla nich pierwotnym modelem. Wizerunki te nabiorą potężnej mocy, jeżeli zostaną wszczepione do świadomości wielu jednostek. Składanie ofiary reprezentuje metodę przekształcania chaosu w pokój. Stwórca reprezentuje pośrednika w spełnianiu ludzkich pragnień. Jaka jest więc owa rzeczywistość przedstawiana przez obydwa wymienione wyżej wizerunki? Girard twierdzi, że jest nią założycielskie morderstwo. Rzeczywistość ta jest jedną z *Rzeczy ukrytych od założenia świata*. Istnienie tej rzeczywistości możemy podejrzewać zarówno na podstawie owych przekształconych religijnych wizerunków, jak i na podstawie mimetycznej logiki procesu pragnienia. W wizerunkach zarówno Stwórcy, jak i składania ofiary możemy dostrzec to, co dziś nazywamy scapegoatingiem (prześladowaniem kozła ofiarnego) i co próbujemy obecnie potępiać. *Kozioł ofiarny* jest określeniem ofiary, która jest fałszywie obwiniona o spowodowanie chaosu i której śmierć jest fałszywie postrzegana jako przywracająca porządek. Ofiara ta może być reprezentowana zarówno przez boskie jak i demoniczne święte wizerunki. Stwórca jest wizerunkiem takiej ofiary uczynionej bogiem. Składanie ofiary jest wizerunkiem scapegoatingu, który został uświęcony. Rzeczywistość mordu założycielskiego może być jednak również inferowana z mimetycznej logiki procesu pragnienia, zgodnie z którą niekończący się łańcuch rewanżu napędzany przez imitację rewanżu ostatecznie kończy się, gdy model rewanżu zostaje ze społeczeństwa usunięty. Owo usunięcie dokonuje się, gdy cała społeczność skieruje się przeciw pojedynczej ofierze, która jest postrzegana przez każdego indywidualnie jako wcielenie jego własnego modelowego wroga. Kolektywne zabójstwo takiego kozła ofiarnego przynosi pokój, gdyż ów kozioł ofiarny jest dla każdego jego własnym ostatnim rywalem. Ludzie tak jakby posiadają jeden i ten sam umysł i łączą się w swym ataku na tę jedną osobę. Gdy zostaje ona zabita, wojna kończy się, gdyż nikt nie ma już więcej żadnego rywala. Zdemonizowany kozioł ofiarny przekształca się wówczas w model dla wizerunków Stwórcy i składania ofiary.

Girard zakłada, że oryginalny scapegoating naprawdę się wydarzył. Ma on swoje korzenie w procesie pragnienia, dla którego jest on logicznym zakończeniem. Stwórca i składanie ofiary są zastygłymi w czasie wizerunkami tego scapegoatingu. Pojawiły się one równocześnie w indywidualnych umysłach grupy ludzi jednomyślnie zjednoczonych przeciw zdemonizowanemu kozłowi ofiarnemu. Wizerunki te nie są czystą wyobraźnią, lecz przekształconą pamięcią rzeczywistego scapegoatingu. Będąc doświadczane przez wielu ludzi równocześnie, stają się zasadniczą częścią stwarzania nowego świata: ściślej mówiąc, stają się jego fundamentem. Nabierają one mocy produkowania imperatywnej mimesis. Choć scapegoating w naszych czasach podległ prawie całkowitej dekonstrukcji, niestety rządzi on ciągle jeszcze ludzkimi interakcjami.

Ma on swe korzenie w konfliktowej mimesis i ma swoje mimetyczne wytłumaczenie.

Jednakże mimetyczne wyjaśnienie mechanizmu kozła ofiarnego samo w sobie nie posiada mocy potrzebnej do stwarzania nowego świata. Oryginalny scapegoating nie jest też zwykle bezpośrednio opisany w większości religijnych narracji, ponieważ został on skutecznie przekształcony w rytuał składania ofiary i w Stwórcę. Jednakże hymn *Ów nieznany Bóg, ów Złoty Zarodek*, wprowadzając wizerunek Dakszy, zarysowuje złożony obraz scapegoatingu i jego przekształcenia w rytuał składania ofiary. Hymn *Ów nieznany Bóg, ów Złoty Zarodek* zdaje się więc reprezentować metafizykę tak wszechstronną, że ujawniającą swoje własne mimetyczne źródła.

Rozdział III

Składając ofiarę, bogowie złożyli
ofiarę złożonej w ofierze ofierze

Przemoc na początku istnienia świata

Składając ofiarę,
bogowie złożyli ofiarę złożonej w ofierze ofierze.
Były to pierwsze rytualne prawa. Te właśnie
moce dosięgły sklepienia nieba, gdzie
zamieszkują Sadhjowie, starożytni bogowie.

Rigweda, Puruṣa-Sūkta, czyli Sława Człowiekowi,
10.90, 16

Hymn *Sława Człowiekowi* opisuje wprost to, co w hymnie *Ów nieznany Bóg, ów Złoty Zarodek* sugerowały jedynie zewnętrzne okoliczności: oryginalny scapegoating zostaje przekształcony w założycielskie morderstwo nowego świata, gdyż staje się modelem zarówno dla rytuału składania ofiary, jak i dla wizerunku boskości. Właśnie to przekształcenie łączy proces pragnienia ze stwarzaniem nowego świata, gdyż za jego pośrednictwem scapegoating, który zakańcza proces pragnienia, konstytuuje początek nowego świata.

W hymnie *Sława Człowiekowi*, Człowiek, podobnie jak Daksza w hymnie *Ów nieznany Bóg, ów Złoty Zarodek*, jest jeszcze jedną reprezentacją rzeczywistości scapegoatingu. W hymnie tym można dostrzec mimetyczne przekształcenie Człowieka — kozła ofiarnego — w boskość, a jego rozszarpania na strzępy — czyli jego scapegoatingu — w rytuał składania ofiary, co łącznie dostarcza fundamentu nowemu wszechświatowi. Skuteczność rytuału składania ofiary jako mechanizmu przekształcającego chaos w porządek wyjaśnia *imperatywna* mimesis.

1. Założycielskie morderstwo i jego kopia

Wendy Doniger O'Flaherty, tłumaczka hymnu, uznała, że wiersz hymnu *składając ofiarę, bogowie złożyli ofiarę złożonej w ofierze ofierze*, jest na tyle zagadkowy dla zachodniego czytelnika, że w swym komentarzu uznała za konieczne wyjaśnienie, że nie jest to pomyłka drukarska: "Oznacza to, że Purusza (Człowiek) był zarówno ofiarą, którą bogowie złożyli w ofierze, jak i bóstwem, któremu ofiara ta została złożona".

Być może dlatego, że ciągle wydało jej się to dziwne, dodała: "czyli był on zarówno podmiotem jak i przedmiotem składanej ofiary". Tymczasem właśnie ta dokładnie myśl, że podmiot i przedmiot ofiarowywania, czyli ofiara i bóstwo, któremu ofiara jest składana, są identyczne, jest podstawą girardowskiego pojęcia założycielskiego morderstwa, bowiem zarówno ofiara jak i bóstwo są reprezentacjami tego samego scapegoatingu, który przekształcają w założycielskie morderstwo, dzięki swemu zaistnieniu. W hymnie *Sława Człowiekowi* idea założycielskiego morderstwa tkwi u podstaw całego tekstu. Rytuał składania ofiary i bóstwo zostały przedstawione jako wyłaniające się z rozszarpanego Człowieka. Człowiek, podobnie jak Daksza, reprezentuje sam scapegoating, z którego zrodziło się składanie w ofierze. Autor hymnu, który zapewne wierzy w boskość rytuału składania ofiary, tak jasno i bezpośrednio widzi i opisuje Człowieka, składanie ofiary, boskość i przekształcanie wizerunku Człowieka, że hymn mimowolnie dostarcza mimetycznego wyjaśnienia źródeł tych boskich wizerunków.

W hymnie *Sława Człowiekowi* proces przekształcenia scapegoatingu w rytuał składania w ofierze jeszcze się nie zakończył. Hymn nie potrafi się uwolnić od dwuznaczności właściwej dla procesu kopiowania. Możemy tutaj obserwować bezpośrednio działanie samej mimesis. Oryginalna ofiara (Człowiek) rozmnaża się w kopiach. Rytuał składania w ofierze został najpierw wykonany przez bogów, którzy czerpali swoje prawo do jego wykonania z ich rozumienia życzeń samego Człowieka. Czynienie tego, co Człowiek oczekuje, aby zostało uczynione, jest pierwszym modelem *imperatywnej* mimesis. Gdy bogowie wykonywali swój pierwszy rytuał składania ofiary, odbiorca ofiary ciągle zbytnio przypominał samo składanie ofiary. Równocześnie jednak odbiorca ów był w jakiś sposób odmienny, ponieważ był już bogiem. Oryginalna ofiara (model), akt składania ofiary i bóstwo (kopie) nie są w umyśle poety ani dobrze zróżnicowane, ani całkowicie identyczne. Są one równocześnie różne i takie same.

Język hymnu *Sława Człowiekowi* odzwierciedla pamięć określonej empirycznej rzeczywistości, która jest wystarczająco świeża w umyśle poety, aby zachować dwuznaczność. Współczesny czytelnik tego starożytnego tekstu nie potrafi już zapewne odczuć takiej samej dwuznaczności. Dziś automatycznie rozróżniamy ofiarę od bóstwa i od składanej ofiary. Są to odrębne konstrukty w naszym języku, gdyż straciliśmy pamięć oryginału. Dla nas przekształcenie scapegoatingu w ofiarniczy rytuał i boskość już się zakończyło.

2. Były to pierwsze rytualne prawa

Hymn *Sława Człowiekowi* opisuje wyłonienie się pierwszych praw rytualnych, które miały swe źródło w przekształcaniu scapegoatingu w rytuał składania ofiary. Przekształcenie to zostało dokonane przez bogów, gdyż oni byli pierwszymi

ofiarnikami i w ten sposób dali przykład
właściwego działania:

(16) *Składając ofiarę, bogowie złożyli
ofiarę złożonej w ofierze ofierze. Były to
pierwsze rytualne prawa.*

Bogowie, konstruując rytuał składania w ofierze,
powoływali się na przykład tego, co Człowiek
sam zrobił. Powtarzali tylko to, co Człowiek
zrobił, i robili to dla niego. Przygotowując dla
niego ofiarę, dostarczyli doskonałego modelu
tego, jak podążać za przykładem Człowieka.
Później składanie ofiary Człowiekowi jest
traktowane jako oczywiste i ma swoje
uzasadnienie w przykładzie ustanowionym przez
bogów.

Bogowie uczynili ze składania ofiary obo-
wiązujący sposób przekształcanie chaosu w
porządek. Pokazali oni dokładnie to, co należy
robić, aby uzyskać pożądany rezultat. Rozszar-
panie Człowieka jest oryginalnym przepisem
prowadzącym do pożądanych rezultatów. Związek przyczynowy między aktem rozszarpania i
pożądanymi rezultatami jest jednak na tyle
nieokreślony, że osiągnięcie sukcesu wymaga
pośrednictwa bogów lub ich przedstawicieli. Oni
stają się usankcjonowanymi źródłami autoryta-
tywnej wiedzy o tym, jakie zachowanie jest
odpowiednie. Nabywają oni autorytet do formu-
łowania właściwych praw. Owo przekształcenie
oryginalnego rozszarpania w rytuał składania
ofiary stanowi początek imperatywnego porządku i imperatywnej mimesis, która nakazuje, aby

naśladująco powtarzać wzory ustanowione przez uznany autorytet.

3. Z tej złożonej ofiary, w której wszystko zostało ofiarowane, zebrano stopiony tłuszcz

Rytuał składania ofiary jest postrzegany jako źródło materii (*stopiony tłuszcz*) służącej do nadawania kształtu żyjącym istnieniom. Hymn *Sława Człowiekowi* traktuje dosłownie to, co dziś byłoby metaforą opisującą kształtowanie kulturowego znaczenia poprzez środki *imperatywnej* mimesis. Twórcza moc resztek z rytualnej ofiary wywodzi się z faktu, że składanie ofiary jest kopią oryginalnego rozszarpania Człowieka. Rytualne zabicie ofiary, jak i jej składanie, są kopiami Człowieka, oryginalnej ofiary. Tajemniczy autorytet oryginału jest projektowany na kopie. W procesie składania ofiary *wszystko zostało zaoferowane* (8, 9). Przypuszczalnie nic nie zostało ukryte lub odłożone na bok. Pozostał jedynie *stopiony tłuszcz, z którego on* — kim jest ów *on*? — *zrobił owe zwierzęta, które żyją w powietrzu, w lesie i we wioskach* (8). Kim jest ów *on*, który nadaje kształt żyjącym istnieniom? Czy słowo to odnosi się do oryginalnego Człowieka, czy do jednej z jego rytualnych kopii? Faktycznie, sformułowanie *on* zdaje się odnosić zarówno do Człowieka jak i do jego dwóch kopii. Człowiek nadał wszystkiemu kształt po raz pierwszy, używając resztek ze złożonej z samego siebie ofiary. I uczynił to ponownie, używając bogów jako pośredników. I w przyszłych mimetycznych powtórzeniach będzie powtarzał to w nieskończoność.

Resztki ze złożonej ofiary są materią służącą tworzeniu, przekształcaniu — ogólniej, nadawaniu kształtu — ludzkiej kulturze. Z tych resztek narodził się święty język, święta muzyka i modlitwy:

(9) *Z tej złożonej ofiary, w której wszystko zostało ofiarowane, narodziły się wersety i intonowanie, metrum z niej się narodziło i formuły z niej się narodziły.*

Oswojone zwierzęta mają swe źródło w składaniu ofiary:

(10) *Konie z niej się narodziły, i inne zwierzęta z dwoma rzędami zębów; krowy się z niej narodziły; kozły i owce o z niej się narodziły.*

Warto podkreślić, że hymn *Sława Człowiekowi* wylicza jedynie oswojone a nie dzikie zwierzęta, z których większość nadaje się na ofiarę (Girard mógłby tu stwierdzić, że to skoncentrowanie uwagi hymnu potwierdza, że samo oswajanie wywodzi się ze składania ofiary, lub mówiąc dokładniej, ze stałego zapotrzebowania na ofiary). Nawet społeczne zróżnicowanie jest ukształtowane z resztek różnych części ciała złożonego w ofierze Człowieka:

(11) *Gdy podzielili oni tego Człowieka, to na ile części go podzielili? Co nazwali jego ustami, a co jego ramionami, udami i stopami?*

(12) *Jego usta stały się Braminem; z jego ramion zrobiono Wojownika; z jego ud zrobiono Lud, a z jego stóp zrodzili się Służący.* Używając różnych części ciała Człowieka, bogowie zorganizowali również przestrzeń, lub mówiąc słowami hymnu, *nadali oni światom porządek.* (13) *Księżyc narodził się z jego umysłu; słońce narodziło się z jego oczu. Indra i Agni wyszli z jego ust, a z jego życiowego oddechu narodził się wiatr.* (14) *Z jego pępka wyłoniło się środkowe królestwo przestrzeni; z jego głowy rozwinęło się niebo. Z jego stóp pochodzi ziemia, a sfery nieba z jego uszu.* W ten sposób nadali oni światom porządek.

Materia, której dostarczyła złożona ofiara, nadaje więc kształt każdemu aspektowi kultury. Girard potraktowałby poważnie tę pozornie dziwną wizję zarysowaną w hymnie *Sława Człowiekowi*, zgodnie z którą składanie ofiary ma moc generowania ludzkiej kultury. Składanie ofiary faktycznie może być mechanizmem przekształcania chaosu w kulturę, dzięki swej mocy generowania imperatywnej mimesis. Mechanizm ten jest jednak napędzany przez jednomyślną wiarę w kozła ofiarnego i jego cudowną moc przekształcania nieuchronnej wojny niekończącej się zemsty w nowy porządek. Girard nazywa *generującą przemocą* każdy akt przemocy, który zawiera w sobie ową dziwną moc kozła ofiarnego. Hymn *Sława Człowiekowi* opisuje przekształcającą potęgę generującej przemocy, jaką jest składanie ofiary. Czy ma on również świadomość skąd ta potęga się wywodzi?

4. Człowieka, składaną ofiarę, narodzoną na samym początku

Wszechświat został stworzony, ponieważ bogowie wprowadzili rytuał składania w ofierze i zadedykowali go Człowiekowi. Generująca moc rytuału wywodzi się z jego mimetycznego związku z Człowiekiem. Jednakże, nie sam Człowiek, lecz jego boska kopia posiada moc stwarzania świata. Ta pozorna sprzeczność wynika stąd, że w hymnie *Sława Człowiekowi* współwystępują dwa niezależne sposoby opisu oryginalnego scapegoatingu, który kładzie kres procesowi pragnienia. Człowiek, podobnie jak Daksza, jest zarówno obrazem rzeczywistości oryginalnego scapegoatingu, jak i jego przekształcenia w święty rytuał składania ofiary, który z kolei sam w sobie jest boskim obrazem skutku tego przekształcenia. Te właśnie przekształcone boskie obrazy mają moc nadawania kształtu żyjącym istnieniom, gdyż one mają zdolność organizowania ludzkich działań i zapośredniczania ich pragnień.

Język hymnu *Sława Człowiekowi* rozróżnia między Człowiekiem a materią, która nadaje wszechświatowi kształt. Człowiek jest źródłem tej materii o tyle, o ile zostaje przekształcony w składanie ofiary i w bóstwo. Materia ta jest opisana jako resztki ze składanej ofiary: stopiony tłuszcz. Jest ona również nazywana Wiradź

(później Prakrti). Człowiek różni się od Wiradźa,
choć zarówno Człowiek jak i Wiradź wywodzą
się jeden z drugiego.
(5) *Z niego Wiradź się narodził i z Wiradźa
przyszedł ten Człowiek.*

Ostatnio zacytowany wiersz można w
następujący sposób zinterpretować: z Człowieka
zrodził się Wiradź, ponieważ Człowiek został
skopiowany jako rytuał składania ofiary, który
jest źródłem Wiradźa. Z kolei Człowiek zrodził
się z Wiradźa, ponieważ składanie ofiary, które
dostarcza świętej materii, przekształca Człowieka w bóstwo. Przekształcanie Człowieka w
składanie ofiary musi więc być ciągle powta-
rzane, aby dostarczać boskiej materii. Z boskości
materii z kolei wynika zarówno boskość Człowieka, jak i boskość jego przekształcenia w
składanie ofiary. Faktycznie, boska moc Człowieka pochodzi z jego zdolności dostarczania
modelu dla składania ofiary. Boska moc jego
kopii zależy z kolei od utrzymania zdolności
Człowieka do dostarczania tego modelu. W ten
sposób związek między Człowiekiem (później
zwanym Purusza) a materią (zwaną później
Prakrti) może zostać zinterpretowany jako mimetyczny związek między oryginalnym kozłem
ofiarnym i jego ofiarniczą kopią, która staje się
urządzeniem do produkcji materii służącej do
nadawania kształtu wszechświatowi.

Hymn *Sława Człowiekowi* zdołał uchwycić
mimetyczny związek między oryginalnym
scapegoatingiem i jego przekształconą kopią. To
mimetyczne powiązanie stanowi pomost między

końcem egzystencji, wytworzonej przez proces pragnienia, a początkiem nowego świata. Mimesis przekształca oryginalny scapegoating w założycielskie morderstwo nowego świata. Człowiek jest oryginalnym kozłem ofiarnym, który staje się później złożoną ofiarą. Pojęcia kozła ofiarnego i składania ofiary są podobne, choć nie są identyczne. Zarówno składanie ofiary jak i Człowiek ma swoją własną generującą moc. Jednakże Człowiek, oryginalny kozioł ofiarny, czerpie swą moc z przekształcenia się w składaną ofiarę. Dzięki temu przekształceniu, jest on *tym wszystkim, co kiedykolwiek było i co kiedykolwiek będzie.* Jest on nie tylko początkiem świata, ale także jego środkiem i końcem.

5. Człowiek ów jest jeszcze czymś więcej. Wszystkie stworzenia są w jego jednej ćwierci; trzy ćwierci są zaś tym, co jest nieśmiertelne w niebie

Sławiąc Człowieka, hymn *Sława Człowiekowi* opisuje również przekształcenie Człowieka w bóstwo i uzależnienie tego przekształcenia od ludzkiej wiary w moc składania ofiary.

(1) *Człowiek ten ma tysiąc głów, tysiąc oczu, tysiąc stóp. Napełnia on ziemię ze wszystkich stron i sięga poza nią tak daleko jak dziesięć palców.*

(2) *Właśnie ten Człowiek jest tym wszystkim, co kiedykolwiek było i co kiedykolwiek będzie. Jest on władcą nieśmiertelności, gdy wyrasta ponad wszystko dzięki jedzeniu.*

(3) *Choć taka jest jego wielkość, Człowiek ów jest jeszcze czymś więcej.* Wszystkie *stworzenia są w jego jednej ćwierci; trzy ćwierci są zaś tym, co jest nieśmiertelne w niebie.*

O wiele większa część Człowieka jest tym, co boskie (*nieśmiertelne*). Człowiek ma władzę nad boskością. Ta moc Człowieka jest jednak przedstawiona w hymnie jako warunkowa: *Jest on władcą nieśmiertelności, gdy wyrasta ponad wszystko dzięki jedzeniu.* Wendy Doniger, tłumaczka hymnu komentuje, że słowo "jedzenie" z całą pewnością odnosi się do składanej ofiary. Człowiek wyrasta więc na władcę tego, co boskie (*władcę nieśmiertelności*) jedynie dzięki składanym ofiarom, które są rezultatem wiary ludzi w boskość składania ofiary.

Hymn *Sława Człowiekowi* wskazuje na jeszcze jeden aspekt wielkości Człowieka. Jedna ćwiartka Człowieka pozostaje na ziemi i jest przekształcona w stworzenia. Co więcej właśnie ta ćwierć gra zasadniczą rolę w jego przekształceniu się w boskość.

(4) *W trzech ćwierciach ów Człowiek rośnie w górę, a jedna ćwierć ciągle tu pozostaje.* Z *niej rozszerza się on we wszystkich kierunkach w to, co je i w to, co nie je.*

Później w *Mahabharacie* ten wizerunek Człowieka znajdzie swój wyraz w wizerunku Kriszny, awatary boga Wisznu, w kontekście nieskończenie przeciągającej się bitwy pod Kurukszetrą. Kriszna jest człowiekiem, który umrze ludzką śmiercią, ale jest on również bogiem, który żąda od ludzi ofiary. Ludzka część martwego Kriszny pozostanie na ziemi. Podobnie wielkość Człowieka zależy od jego ludzkiej śmierci. Opisem jego śmierci jest rytuał składania ofiary. Przedstawia on jego śmierć jako śmierć kozła ofiarnego. Raz jeszcze widzimy jak paradoksy użyte w poetyckim języku hymnu do zarysowania wizerunku Człowieka mogą być odczytane jako opisujące mimetyczne przekształcenie kozła ofiarnego i scapegoatingu w bóstwo i rytuał składania ofiary.

Rozdział IV

Co było oryginalnym modelem, a co było kopią ...?

Generująca przemoc

Co było oryginalnym modelem, a co kopią,
i jaki jest związek między nimi?
Co było masłem, a co otaczającym drewnem?
Co było metrum, a co inwokacją i intonowaniem
wówczas, gdy wszyscy bogowie składali tego
boga w ofierze?

Rigweda, Stworzenie składania ofiary, 10.130, 3

Składanie ofiary tkane przez siedmiu mędrców jest widziane w hymnie *Stworzenie składania ofiary* jako silnie mimetyczne. Harmonizuje ono z modelami dostarczonymi przez pierwotne składanie ofiary i przez Człowieka. Troska poety o mimetyczną dokładność sygnalizuje świadomość, że kopia powinna być doskonałym odpowiednikiem oryginału, aby umożliwiać kontynuację przechodzenia do imperatywnej mimesis.

1. O robieniu ofiarniczych kopii

W hymnie *Rigwedy Stworzenie składania ofiary* poeta nuci:

(6) *Z okiem, którym jest umysł, w myśli widzę tych, którzy jako pierwsi złożyli tę ofiarę.*

Poeta jest jednak zakłopotany, gdyż widzi coś poza nimi. Działanie *tych, którzy jako pierwsze złożyli tę ofiarę* postrzega jako robienie kopii. Poeta, którego wizja jest rozmyta, zastanawia się:

(3) *Co było oryginalnym modelem, a co było kopią, i jaki jest związek między nimi?*

Zdaje się być niezdolny do rozróżnienia między pierwotnym rytuałem ofiarniczym [(6) *pierwotną składaną ofiarą*] i oryginalnym scapegoatingiem, który on kopiuje. Działanie bogów, *gdy wszyscy bogowie składali tego boga w ofierze*, było z całą pewnością mimetyczne. Poeta chce jednak znać każdy szczegół:

(3) *Co było masłem, a co otaczającym drewnem? Co było metrum, a co inwokacją i*

pobożnym nuceniem wówczas, gdy ci wszyscy
bogowie składali tego boga w ofierze?

2. Siedmiu boskich mędrców harmonizowało z oryginalnymi modelami

Poeta widzi również siedmiu mędrców, ojców założycieli. Ich akcję składania ofiary widzi również jako mimetyczną, chociaż nie uważa jej za proste imitowanie bogów.

(7) *Siedmiu boskich mędrców harmonizowało z oryginalnymi modelami.*

Opisując działanie mędrców, poeta używa gramatycznej formy mnogiej: *modelami*. Ma on na myśli zarówno model dostarczony *wówczas, gdy wszyscy bogowie składali tego boga w ofierze*, jak i przypuszczalny oryginał, który stanowił również model dla bogów. Ów oryginał nie jest bezpośrednio znany. Co więcej, jest on niewyobrażalny. Jednakże twierdzi, że ojcowie założyciele, siedmiu mędrców, harmonizowali mimetycznie ze wszystkim, z czym mogli — z modelem dostarczonym przez bogów i z oryginalnym modelem dostępnym bogom:

(7) *Rytualne powtórzenia harmonizowały z pobożnymi nuceniami i z metrum.*

Rytualne powtórzenia harmonizowały z modelem dostarczonym przez bogów. Jednakże

(7) *siedmiu boskich mędrców harmonizowało z oryginalnymi modelami.*

Wizja mędrców sięga poza działanie bogów. Ojcowie założyciele, mędrcy nie imitowali po prostu działania bogów. Harmonizowali oni zarówno z modelem dostarczonym przez bogów jak i z oryginałem. Uczestniczyli oni w tworzeniu ofiarniczego rytuału poprzez harmonizowanie z modelami.

3. Z okiem, którym jest umysł

Aby opisać składanie ofiary, poeta odwołuje się do metafory tkania.

(1) *Składana ofiara, która rozszerza się nitkami we wszystkich kierunkach ...*

Człowiek opisany w hymnie *Sława Człowiekowi* jest tym, kto

(2) *rozciągnął ją aż po to sklepienie nieba.*

On jest również tym, kto

(2) *napręża osnowę i wyciąga wątek.*

Bez Człowieka tkanie składania ofiary byłoby niemożliwe. Składana ofiara

(1) *jest tkana przez tych ojców,*

(6) *mędrców,*

którzy

(1) *siedzą przy warsztacie tkackim, który jest mocno naprężony.*

Składanie ofiary jest naciągnięte

(1) *mocno poprzez sto i jeden boskich czynów.*

Mędrcy tkają składaną ofiarę, gdy ich mistyczna wizja zbliża się do oryginalnego modelu.

(1) *Składana ofiara ... jest tkana przez tych ojców, gdy podchodzą bliżej: "Tkajmy nić do przodu, tkajmy nić do tyłu" mówią oni, siedząc przy warsztacie tkackim, który jest mocno naprężony.*

Człowiek dostarcza osnowy, na której tkanina jest tkana a boskie czynny trzymają nici naprężone. Mędrcy tkają składaną ofiarę, współpracując z Człowiekiem. Człowiek rozciągnął składaną ofiarę we wszystkich kierunkach. Pierwotny rytuał ofiarny został jednak przeprowadzony przez bogów. Poeta zapytuje:

(3) *gdy ci wszyscy bogowie składali tego boga w ofierze ... Co było oryginalnym modelem, a co było kopią i jaki jest związek między nimi?*

Pierwotna ofiara złożona przez bogów była modelem dla mędrców. Poeta może to dostrzec *okiem, którym jest umysł.* Jednakże

(6) *owa pierwotna składana ofiara ... narodziła się.*

Człowiek jest tym, co leży poza ofiarą składaną przez bogów. Mędrcy naśladują jedynie bogów powtarzając rytuał. Współpracują oni również z Człowiekiem w swoim tkaniu składanej ofiary. Poeta wszystko to widzi. Widzi tych, którzy jako pierwsi złożyli ofiarę. Patrzenie wstecz

(7) *na ścieżkę tych, którzy przemierzali ją pierwsi*

daje mędrcom moc i wizję tego, co i jak należy zrobić.

Poeta odróżnia samego siebie od przedmiotu, który próbuje opisać. *Z okiem, którym jest umysł* (6) próbuje on opisać empiryczną rzeczywistość składania ofiary — jej początek i dalszą ewolucję. Jest on bliżej tej rzeczywistości niż my. Może jeszcze dostrzec to, czego my już nie widzimy. Gdy patrzy on na nią, dostrzega mimetyczne powtórzenia — girardowskie podwajania. Widzi model i jego kopię. *Stworzenie składania ofiary* jest hymnem sławiącym (imperatywną) mimesis.

Podsumowanie

W mojej próbie ponownego odczytania hymnów o stworzeniu świata *Rigwedy* próbowałam iść śladami mimesis. W hymnie *Nāsadīya* znalazłam skłócającą mimesis. Hymny *Sława Człowiekowi* i *Ów Złoty Zarodek* z kolei mówią o mimetycznym tworzeniu boskiego wizerunku Stwórcy i składania ofiary. Udało im się uchwycić proces dokonywania się przesunięcia w kierunku imperatywnej mimesis. Hymn *Stworzenie składania ofiary* odnosi się do imperatywnej mimesis, czyli mimetycznych powtórzeń rytuału składania ofiary.

Hymn *Nāsadīya* łączy stwarzanie z pożądaniem. Pożądanie ma zdolność wiązania istnienia w nieistnieniu. Proces pożądania jest jednak samo-niszczący. Wszczepia on permanentny konflikt w interakcje międzyludzkie i ostatecznie niszczy istnienie, które stworzył. Procesem pożądania rządzi skłócająca mimesis. Hymn *Nāsadīya* łączy również próżnię, która była na początku świata, z siłą życiową, którą próżnia w sobie zawiera. Próżnię rozumieliśmy jako stan zwalczającego się odróżnicowania, czyli w rozumieniu Girarda ostatnie stadium procesu pożądania. Jest to stan niekończącego się rewanżu, który zostaje zlikwidowany przez pojedynczy akt przemocy, którym jest zabójstwo

57

osoby, która stała się osobistym wrogiem każdego, i którego zabójstwo jest oryginalnym scapegoatingiem. Pokój i stwarzanie nowego świata zdają się być sprowokowane przez to wydarzenie, gdyż dostarczyło ono modelu dla mimetycznego tworzenia boskich wizerunków Stwórcy i składania ofiary.

Hymn *Ów Złoty Zarodek* opisuje wyłonienie się Stwórcy w samym środku wojny i stanu zwalczającego się odróżnicowania. Z łona tego samego stanu zwalczającego się odróżnicowania narodził się Daksza ciężarny składaniem ofiary. Hymn *Sława Człowiekowi* skupia się na opisie tworzenia boskich wizerunków Stwórcy i składania ofiary poprzez robienie kopii oryginalnego linczu. Hymn *Stworzenie składania ofiary* wskazuje na znaczenie roli, jaką proces kopiowania odgrywa w powtarzaniu rytuału składania ofiary.

Podziękowania

Wszystkie cytaty z *Rigwedy* tłumaczone z sanskrytu na język angielski przez Wendy Doniger O'Flaherty pochodzą z *The Rig Veda: An Anthology*, Penguin Books, London, 1981 (ISBN 0-14-044402-5) i zostały zamieszczone za zgodą tłumaczki.

Praca ta opiera się na odniesieniach do następujących prac René Girarda: *A Theater of Envy: William Shakespeare* (Oxford University Press, New York, 1991, ISBN 0-19-505339-7), *Things Hidden since the Foundation of the World* (Stanford University Press, Stanford, 1987, ISBN 0-8047-1403-7), i *The Scapegoat* (The Johns Hopkins University Press, Baltimore, 1989, ISBN 0-8018-3917-3).

Autorka składa również podziękowania profesorom Chandana i Kisor Chakrabarti za zaproszenie do zaprezentowania i dyskusji wstępnej wersji tej pracy na konferencji na temat relatywizmu zorganizowanej przez Society for Indian Philosophy and Religion, która odbyła się w sierpniu 1997 roku w Kalkucie.

Przypisy

[1] Pojęcie kryzysu mimetycznego odnosi się do stanu społeczeństwa, w którym wzory kulturowe "rozplotły się", lub inaczej mówiąc, zniknęły kulturowe różnice między ludźmi i ludzie zmierzają do podobnych celów, co powoduje permanentny konflikt. Mówiąc jeszcze inaczej, jest to stan, w którym zniknęła zdolność ludzi do powtarzania kulturowych wzorów (imperatywna mimesis.

[2] Terminy "pożądanie" i "pragnienie" będą tu używane zamiennie. Angielski termin *desire* obejmuje bowiem zjawiska określane po polsku przy pomocy tych dwóch odrębnych terminów.

[3] Rozdział 1, paragraf 5.

Appendix

Hymny o stworzeniu świata Rigwedy

10.129 Hymn o stworzeniu świata (*Nāsadīya*)

1. Nie było w owym czasie ani nieistnienia, ani istnienia; nie było ani dziedziny przestrzeni, ani nieba, które sięga ponad. Co poruszało? Gdzie? W czyjej obronie? Czy była tam woda bez dna?

2. Nie było w owym czasie ani śmierci, ani nieśmiertelności. Nie było znaku odróżniającego noc od dnia. To jedno oddychało, bezwietrznie, samo z siebie. Poza tym nie istniało nic od tego odmienne.

3. Na początku ciemność kryła się w ciemności; bez znaku odróżniającego wszystko to było wodą. Siła życiowa pokryta pustką, ona powstała mocą żaru.

4. Na początku na to jedno przyszło pożądanie; było ono pierwszym nasieniem umysłu. Poeci, szukając z mądrością w swych sercach, znaleźli w nieistnieniu wiązanie istnienia.

5. Ich nić została wszerz rozciągnięta. Czy było poniżej? Czy było powyżej? Byli umieszczający nasienie; były moce. Było popędzające poniżej; było ogłaszające powyżej.

6. Kto naprawdę wie? Kto to tutaj ogłosi? Skąd to się
wzięło? Skąd jest to stwarzanie? Bogowie przyszli
później razem ze stworzeniem tego świata. Któż
więc wie, skąd to wynikło?

7. Skąd to stwarzanie świata wynikło — być może
samo się uformowało lub być może nie — tylko on
jeden na wysokościach, który spogląda na nie z
góry, tylko on wie — lub być może nie wie.

10.121 Ów nieznany Bóg, ów Złoty Zarodek

1. Na początku pojawił się ów Złoty Zarodek. Gdy już się narodził był owym jedynym Panem Stwarzania. Utrzymywał on w miejscu zarówno ziemię jak i niebo. Kim jest ów bóg, którego powinniśmy czcić z dziękczynieniem?

2. On daje życie i siłę, jego rozkazu słuchają wszyscy uznający go bogowie; jego cień jest nieśmiertelnością — i śmiercią. Kim jest ów bóg, którego powinniśmy czcić z dziękczynieniem?

3. On dzięki swej wielkości stał się królem tego świata, który oddycha i migocze, i rządzi swymi dwu i czteronożnymi stworzeniami — kim jest ów bóg, którego powinniśmy czcić z dziękczynieniem?

4. On, jak powiadają, z racji swej mocy jest właścicielem owych śnieżnych gór i oceanu razem z rzeką Rasa i ma sfery nieba za swoje ramiona — kim jest ów bóg, którego powinniśmy czcić z dziękczynieniem?

5. Dzięki niemu budzące grozę niebo i ziemia zostały mocno osadzone w miejscu, a sklepienie nieba zostało podparte wraz ze słońcem, które przemierzało środkowe królestwo przestrzeni — kim jest ów bóg, którego powinniśmy czcić z dziękczynieniem?

6. Ku niemu spoglądały dwie zwalczające się masy, dygocząc w swych sercach, wsparte dzięki jego pomocy; w nim odbijały się promienie wschodzącego słońca — kim jest ów bóg, którego powinniśmy czcić z dziękczynieniem?

7. Gdy przyszły wysokie wody ciężarne zarodkiem, który jest wszystkim, wydając na świat ogień, powstał on z niego, jak ów jeden oddech życia bogów. Kim jest ów bóg, którego powinniśmy czcić z dziękczynieniem?

8. On w swej wielkości przyglądał się wodom, które były ciężarne Dakszą, wydając na świat składanie ofiary, on był tym jedynym bogiem wśród wszystkich bogów — kim jest ów bóg, którego powinniśmy czcić z dziękczynieniem?

9. Niech nas nie rani on, który spłodził ziemię i stworzył niebo, którego prawa są słuszne, on, który stworzył wzburzone, jaśniejące wody. Kim jest ów bóg, którego powinniśmy czcić z dziękczynieniem?

10. O Pradźapati, panie pokłosia, nikt inny tylko ty obejmujesz wszystkie te stworzenia. Spełnij nasze pragnienia, za co składamy Ci nasze dziękczynienia. Pozwól nam być panami bogactwa.

10.90 *Puruṣa-Sūkta*, czyli Sława Człowiekowi

1. Człowiek ten ma tysiąc głów, tysiąc oczu, tysiąc stóp. Napełnia on ziemię ze wszystkich stron i sięga poza nią tak daleko jak dziesięć palców.

2. Właśnie ten Człowiek jest tym wszystkim, co kiedykolwiek było i co kiedykolwiek będzie. Jest on władcą nieśmiertelności, gdy wyrasta ponad wszystko dzięki jedzeniu.

3. Choć taka jest jego wielkość, Człowiek ów jest jeszcze czymś więcej. Wszystkie stworzenia są w jego jednej ćwierci; trzy ćwierci są zaś tym, co jest nieśmiertelne w niebie.

4. W trzech ćwierciach ów Człowiek rośnie w górę, a jedna ćwierć ciągle tu pozostaje. Z niej rozszerza się on we wszystkich kierunkach w to, co je i w to, co nie je.

5. Z niego Wiradź się narodził i z Wiradźa przyszedł ten Człowiek. Gdy się on narodził, rozciągał się poza ziemię zarówno przed nią jak i za nią.

6. Gdy bogowie rozciągnęli składaną ofiarę z Człowiekiem jako ofiarowywanym darem wiosna była oczyszczonym masłem, lato opałem, jesień dziękczynieniem.

7. Namaścili oni Człowieka, składaną ofiarę narodzoną na samym początku, na świętej trawie. Razem z nim ofiarę składali bogowie, Sadhjowie i mędrcy.

8. Z tej złożonej ofiary, w której wszystko zostało ofiarowane, zebrano stopiony tłuszcz, z którego on zrobił owe zwierzęta, które żyją w powietrzu, w lesie i we wioskach.

9. Z tej złożonej ofiary, w której wszystko zostało ofiarowane, narodziły się wersety i intonowanie, metrum z niej się narodziło i formuły z niej się narodziły.

10. Konie z niej się narodziły, i inne zwierzęta z dwoma rzędami zębów; krowy się z niej narodziły; kozły i owce o z niej się narodziły.

11. Gdy podzielili oni tego Człowieka, to na ile części go podzielili? Co nazwali jego ustami, a co jego ramionami, udami i stopami?

12. Jego usta stały się Braminem; z jego ramion zrobiono Wojownika; z jego ud zrobiono Lud, a z jego stóp zrodzili się Służący

13. Księżyc narodził się z jego umysłu; słońce narodziło się z jego oczu. Indra i Agni wyszli z jego ust, a z jego życiowego oddechu narodził się wiatr.

14. Z jego pępka wyłoniło się środkowe królestwo przestrzeni; z jego głowy rozwinęło się niebo. Z jego stóp pochodzi ziemia, a sfery nieba z jego uszu. W ten sposób nadali oni światom porządek. Było tam dla niego siedem załączonych pałeczek i trzy razy siedem opałowych pałeczek, gdy bogowie, rozciągając ofiarę, związali tego Człowieka jak ofiarnicze zwierzę.

16. Składając ofiarę, bogowie złożyli ofiarę złożonej w ofierze ofierze. Były to pierwsze rytualne prawa. Te właśnie moce dosięgły sklepienia nieba, gdzie zamieszkują Sadhjowie, starożytni bogowie.

10.130 Stworzenie składania ofiary

1. Składana ofiara, która rozszerza się nitkami we wszystkich kierunkach, naciągniętymi mocno poprzez sto i jeden boskich czynów, jest tkana przez tych ojców, gdy podchodzą bliżej: "Tkajmy nić do przodu, tkajmy nić do tyłu" mówią oni siedząc przy warsztacie tkackim, który jest mocno naprężony.

2. Ów Człowiek napręża osnowę i wyciąga wątek; rozciągnął ją aż po sklepienie nieba. Kołeczki uwiązane w miejscu tworzą melodie w czółenkach do tkania.

3. Co było oryginalnym modelem, a co było kopią i jaki był związek między nimi? Co było masłem, a co otaczającym drewnem? Co było metrum, a co inwokacją i intonowaniem wówczas, gdy wszyscy bogowie składali tego boga w ofierze?

4. Gajatri metrum towarzyszyło Agni; Savitr dołączył do metrum Uszni a z metrum Anusztubh był Soma, który rozpływał się w pobożnym nuceniu. Metrum Brhati rezonowało w głosie Brhaspati.

5. Wiradźa metrum było przywilejem Mitry i Waruny; Trisztubh metrum stanowiło część dnia Indry. Dźagati weszło we wszystkich bogów. To był ów model dla wszystkich mędrców.

6. Był to ów model dla mędrców, naszych ojców wówczas, gdy narodziła się pierwotna składana ofiara. Z okiem, którym jest umysł, w myśli widzę tych, którzy jako pierwsi złożyli tę ofiarę.

7. Rytualne powtórzenia harmonizowały z pobożnymi nuceniami i z metrum; siedmiu boskich mędrców

harmonizowało z oryginalnymi modelami. Gdy mądrzy ludzie spoglądali wstecz na ścieżkę tych, którzy przemierzali ją pierwsi, trzymali za cugle jak woźnice rydwanów.

www.ingramcontent.com/pod-product-compliance
Lightning Source LLC
Chambersburg PA
CBHW071848020426
42331CB00007B/1904